누가 숨었나?

재미 GO! 어휘력 GO!

어린이 관용구 101

박재이 글 · 그림

 **머리말**

관용구는 옛날부터 습관처럼 굳어져 내려오는 말이에요. 어렵지 않은 단어로 구성된 표현이지만, 글자 그대로의 뜻을 가지고 있진 않아요. 예를 들어 '귀를 먹다'라는 말은 '귀를 실제 먹는다'는 뜻이 아니라, '귀가 안 들린다'는 뜻을 가지고 있어요. 겉으로 보이는 말과 실제 말뜻이 다르기 때문에, 일상생활 속에서의 실제 사용 예를 알지 못한다면 이해하기가 어렵답니다.

우리의 일상에는 관용구가 정말 많이 사용되고 있어요. 많이 사용되는 만큼 원활한 의사소통을 위해서는 관용구를 많이 알고 있어야 해요. 관용구는 영어 단어를 외우듯 달달 암기하며 뜻을 외우는 것보단 사용되는 상황을 깨닫고, 직접 말로 써보는 게 더 중요해요. 앞으로 책에서 만나게 될 '따따와 친구들'이 여러 에피소드로 우리말 관용구를 쉽게 배우게 도와줄 거예요.

'따따와 친구들'의 이야기는 어린이 친구들에게 영감을 받아 만들었어요. 따따의 장난기 넘치는 성격도 강의에서 만난 초등학생 친구들의 성격을 따왔죠. 친구들이 가

장 좋아하던 그림체로, 친구들의 이야기를 귀담아 그림을 그렸으니 재미있게 읽을 수 있을 거예요.

 들고 다니며 하루 한 장씩 만화로 관용구를 익히다 보면 나도 모르게 관용구가 술술 나오게 될 거예요. 알 듯 말 듯 어렵게 느껴지던 관용구의 뜻을 깨닫고, 친구랑 말할 때도, 엄마 아빠와 이야기할 때도 술술 관용구가 나온답니다! 이제 따따와 친구들의 이야기를 만날 준비가 되셨나요?

늘 아이디어와 격려를 건네는 남편 삼영과 책이 나올 수 있도록 도와주신 출판사, 무엇보다 늘 영감을 주는 우리 어린이 친구들에게 다시 한번 깊은 감사의 말씀을 전합니다.

박재이 드림

차례

차례

 **따따와 친구들...**

따따

'춤추는 게 특기! 흥 많은 고양이!'
호기심이 많은 따따는 항상 사건 사고의
중심에 있답니다. 장난기 많은 성격 탓에 따따를
짓궂다고 생각하는 친구들도 있어요. 좋아하는
건 미스터리 유튜브 보기, 교실에서 춤추기입니
다. 무엇보다 모두의 관심을 가장 좋아해요!

장난꾸러기

따따 따따

분위기
메이커

하얀이

하얀이

'누구에게나 친절한 초롱초롱한 눈빛의 강아지'
하얀이가 있는 곳엔 늘 웃음이 넘쳐요. 시끌벅적한
따따와 척척박사 도도, 소심이 두찌가 함께 어울려
놀 수 있는 것도 하얀이의 둥글둥글하고 이해심
넘치는 성격 덕이랍니다. 늘 친구들을 칭찬해 주는
따뜻한 마음을 가졌어요. 단, 먹을 걸 훔쳐 가면 무척
예민해진답니다.

도도

'척척박사 빨간 안경 토끼'
평소에 책 보는 걸 좋아하는 도도는 모르는 게
없는 척척박사랍니다. 도도는 계획적인 성격이라
대책 없이 사고 치는 따따를 이해하지 못해요.
시력이 좋지만, 안경을 쓰는 엉뚱한 면이 있어요.

계획적인
성격

동동

'맹한 걸까? 용감한 걸까? 정체불명 수달'
동동이는 자주 멍한 표정을 지어서
무슨 생각을 하는지 알기 힘들어요. 말보다는
행동이 빠른 편이라, 동동이도 사건 사고의
중심에 있답니다. 조개껍질 모으는 취미가
있어요. 자기가 좋아하는 걸 이야기할 때는
눈이 빛나고 말이 많아요.

가끔 맹함

두찌

'소심하고 겁많은 울보 두더지'
마음이 여려 사소한 것에도 감동하고 슬퍼하는
감성파예요. 겁이 많은 두찌는 활발한 친구들을
부러워할 때가 많습니다. 평소 마음의 안정을
위해 담요를 두르고 다니는데 담요를 벗으면
왕(큰) 점이 있고, 난폭해진다는 소문도 있어요.

소심이
울보

001

가닥을 잡다

'분위기, 상황, 생각 따위를 이치나 논리에 따라 바로잡는다'는 말이에요.

〈예문〉 어떤 말을 꺼내야 할지 가닥을 잡을 수가 없네.

11

002

가슴에 손을 얹다

'양심에 근거를 둔다'라는 뜻을 가진 말이에요.

〈예문〉 뭘 잘못했는지 가슴에 손을 얹고 다시 생각해 봐!

내가 먼저야!

내가!

헉! 엄마~
나나가 그릇 깼어요!

아니에요. 엄마!
제가 깬 거 아니에요!

흐음~ 둘 다
가슴에 손을 얹고
솔직히 말해!

어떻게 된 거야?

003

가슴을 열다

'속마음을 털어놓거나 받아들인다'는 말이에요.

〈예문〉 우리는 가슴을 다 열고 이야기하는 사이야.

가슴이 넓다

'이해심이 많다'는 뜻을 가진 말이에요.

〈예문〉 우리 엄마는 가슴이 넓어서 이런 일로 혼내지 않으셔.

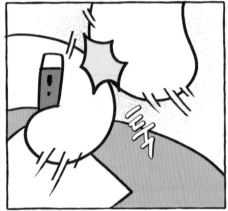

004

헙! 미안해~ 도도야!

큰일 났다. 도도는 수첩에 낙서하는 거 싫어하는데…

분명~ 엄청나게
뭐라고 하겠지?

덜

덜

아! 괜찮아~
뭐 이런 걸
가지고….

오잉? 왜 그래! 도도야~
왜 오늘은 뭐라고 안 해?

깜짝

에헴!

훗!
멋진 토끼는
사사로운 것에
개의치 않는 법!

야~ 호!

그래!
나는 오늘부터
가슴이 넓은
토끼가 될 거야!

005 간에 기별도 안 가다

'먹은 것이 너무 적어 먹으나 마나 하다'라는 뜻이에요.

〈예문〉 겨우 이거 먹으면 간에 기별도 안 가겠다.

간이 콩알만 해지다

'몹시 두려워지거나 무서워진다'라는 뜻을 가진 말이에요.

〈예문〉 몰래 먹은 게 들킬까 봐 간이 콩알만 해졌어.

뭐! 공포? 무서운데…

힝ㅠ

사실, 나도 벌써 간이 콩알만 해지는 거 같아.

에헴!

걱정하지 마! 얘들아~ 나만 믿어! 난 안 무서워하니까

다들 내 뒤에만 있으면 돼!

방탈출 카페

귀신 이다!

덜덜

어휴! 안 무섭다더니…

덜덜

21

007

간이 크다

'겁이 없고 매우 대담하다'는 뜻이에요.

〈예문〉 두찌가 은근히 보기보다 간이 크다니깨!

얘들아~ 요즘 너희 취미는 뭐야?

난 요즘 과학잡지 읽는 게 좋아!

으악! 그게 뭐야? 재미없어!

나는 만화 보는 게 제일 좋아! 동동이는?

고삐가 풀리다

008

'무엇인가에 얽매이지 않거나 통제를 받지 않는다'는 뜻
이에요.

〈예문〉 어제 다이어트가 끝난 따따는 고삐가 풀린 듯
간식을 잔뜩 먹었다.

그건 말이지~
나는 올해
복근 있는
몸짱 강아지가
되기로
결심했거든.

에헴

쿠키 먹으면 살찌니까
참기로 했어.

이건 살 안쪄!
두부로 만든 건강 쿠키야~

뭐?
그런 건 진작 말했어야지.

헉

얌구 얌구

하얀아~
천천히 먹어!
완전 고삐가 풀린
것처럼 먹고 있잖아!

009

구미가 당기다

'어떤 것에 욕심이나 관심이 생긴다'는 뜻이에요.

〈예문〉 그 제안 꽤나 구미가 당기는 걸!

따따야~ 내일 나랑 떡볶이 만들어 먹자!

오~ 정말! 무슨 떡볶이?

오~

오~

크림이랑 짜장 떡볶이 중에 고민이야.

히

히

음… 나는 크림 떡볶이가 좋아!

국물도 없다

'돌아오는 몫이나 이득이 아무것도 없다'는 뜻이에요.

〈예문〉 죽어라 고생했는데 국물도 없다니 너무해!

얘들아! 우리 같이 네 컷 사진 찍자!

우와! 좋아~ 좋아!

이왕이면 한 명씩 돌아가며 얼굴 몰아주고 사진 찍자!

헤헤

좋아!

오잉!
너네들은 잘 나온 사진이
하나쯤은 있는데…

왜 나는 잘생긴
사진이 하나도 없는 거야!

이렇게 열심히
사진 찍었는데
진짜 나만
국물도 없다니!
너무해~

따따따야! 네 차례에서까지
웃긴 표정을 지었잖니~
그러니까…

에휴~

29

011

귀(가) 빠지다

'사람이 태어났다'는 뜻이에요.

〈예문〉 오늘은 내 동생 나나가 귀빠진 날이야.

얘들아~ 안녕!
좋은 아침이야~

펑

와! 고마워~ 얘들아!

어라!
저게 뭐야?

축 따따의 하
귀 빠진 날

으잉?

정색

내 귀가
빠진 날이라니?

내 귀는
멀쩡해! 봐!

아하하하! 귀 빠진 날은
생일을 말하는 거야!

하하

하하

012

귀가 번쩍 뜨이다

'무척 그럴듯해 선뜻 마음이 끌린다'는 말이에요.

〈예문〉 살이 10kg이나 빠진다는 말에 귀가 번쩍 뜨였다.

귀가 얇다

013

'남의 말을 쉽게 받아들인다'는 뜻이에요.

〈예문〉 너는 그렇게 귀가 얇아서 큰일이다.

동동아~ 나랑 퍼먹는 쿠키 반죽 사러 가자!

뭐? 반죽이 안 익었는데 어떻게 먹어?

외국에서는 쿠키 반죽을 그냥 퍼먹기도 해!

귀에 못이 박히다

'같은 말을 너무나 여러 번 듣는다'는 뜻이에요.

〈예문〉 엄마에게 친구랑 싸우지 말라고 귀에 못이 박히도록 들었어.

완벽해!

꺄~

다녀오겠습니다!

호다닥~

안녕~ 따따야! 오늘 선글라스 진짜 특이하다.

안녕~ 따따~ 특이한 선글라스를 꼈네!

따따야~ 선글라스가…

절레

절레

특이하다고? 그 말을 귀에 못이 박히도록 들었어.

다들 패션을 모른다니까…

015

귓등으로 듣다

'듣고도 들은 체 만 체 한다'라는 뜻이에요.

〈예문〉 따따는 내 말을 귓등으로도 안 들어.

아이구~ 배야!
갑자기 배에서 신호가 오네.

스프는 자주 저어주지
않으면 금방 타는데…

윽! 배야~

따따야!
이리 와서
이것 좀 도와줘.

네? 귀찮은 데…

기가 막히다

'너무 놀랍거나 언짢아서 어이없고 말이 나오지 않는다'
는 뜻을 가진 말이에요.

〈예문〉 기가 막히네! 그게 지금 내 탓이라는 거야?

41

기를 쓰다

'있는 힘을 다하다'라는 뜻의 말이에요.

〈예문〉 동동이가 팔씨름에서 지지 않으려고 기를 쓰고 버티고
있어.

017

따따따야~ 나와! 난 3반의 찰스야.
너에게 댄스 배틀을 신청한다.

뭐! 감히 나에게
도전장을 내밀다니?
자신감이 대단한데…

내 엉덩이 댄스를 이긴
얘들은 아무도 없었다고!

풉! 내 털기 춤을
이긴 얘들도 없어.

깨가 쏟아지다

018

'오붓하거나 몹시 아기자기하여 재미가 난다'라는 뜻의
말이에요.

〈예문〉 신혼이라 그런가 둘이 깨가 쏟아지네.

얘들아~~~

안녕 동동아!
손에 빛나는 그건 뭐야?

반짝

반려조개야!

짠

반려… 조개? 그게 뭐야?

반려동물처럼
내가 키우는 조개야!

우린 오늘 같이 산책도 가고…

하하

하하

같이 재밌는
애니메이션도 보고…

KVS

오붓~

헤헤

카페도
갈 거야~!

너희도
같이 갈래?

아니, 둘이 오붓한 시간 보내.

당황

조개랑 깨가 쏟아지네.
동동이는 조개가 정말 좋은가 봐.

45

019

꽁무니를 빼다

'슬그머니 피하여 물러난다'라는 뜻의 말이에요.

〈예문〉 따따는 수첩을 찢은 게 들킬까 겁이 나서 꽁무니를 빼고 도망갔다.

47

날개가 돋치다

'인기가 있어 빠른 속도로 팔려 나가다'는 뜻을 가진 말이에요.

〈예문〉 과일 파르페가 날개가 돋친 듯 팔리고 있다.

이 집게로
말할 것 같으면

미국에서 날개가 돋친 듯
1초에 한 개씩 팔린다는…

와아

엄청난 대박
상품이야~
이제 딱
한 개 남았어!

에헴

저… 저도 하나 주세요!

붕

붕

헤헤..
나도 만능
집게가 생겼다.

꺄아

수북

수북

021

날밤을 새우다

'부질없이 괜히 안 자고 밤을 새운다'는 뜻이에요.

〈예문〉 오늘 날밤을 새워 시험 공부를 했어.

022 납작코를 만들다

'망신을 주거나 기를 죽이다'의 뜻으로 쓰이는 말이에요.

〈예문〉 잘난 척하는 친구의 코를 납작코로 만들 거야.

눈 깜짝할 사이

023

눈을 깜빡할 순간처럼 '매우 짧은 순간'이라는 뜻이에요.

〈예문〉 동동이는 눈 깜짝할 사이에 과자를 다 먹었다.

도도야~ 있잖아.
너는 시력이 나빠?

아니~
나 1.5에 1.50야.
좋은 편이지.

근데 이 안경은
왜 쓰는 거야?

그야…

귀엽잖아! 헤헤

그리고 지적인 모습을 강조할 수도 있고…

헤헤

와! 그렇구나~ 잘 어울려!

스윽

맞다~ 나 동동이가 불러서 가볼게~

까악

어라~ 내 과자! 눈 깜짝할 사이에 사라졌네!

어디로 갔지?

024

눈 딱 감다

'더 이상 다른 것을 생각하지 않는다'는 뜻이에요.

〈예문〉 동동이는 눈 딱 감고 주사를 맞았다.

눈독을 들이다

'욕심을 내어 눈여겨 본다'는 뜻이에요.

〈예문〉 친구의 간식에 눈독을 들였다.

025

크크~ 오늘은 푸딩을 먹는 날이야~

와~ 신난다! 탱글탱글 푸딩~

츄릅

잘먹겠습니다!

냠

냠

으흠~~ 맛있어! 천천히 아껴서 먹어야지.

정말 맛있었다~

너무 빨리 먹었나봐~ 아쉽다!

오빠는 많이 남았네?

에휴~

으규! 한 입만 줄게! 더 이상은 눈독 들이지마!

026

눈앞이 캄캄하다

당황스럽고 막막해서 '어찌할 바를 몰라 아득하다'는 뜻이에요.

〈예문〉 남은 숙제를 보니 눈앞이 캄캄하다.

아빠~
우리가 이걸 다
치울 수 있을까요?

당황

수북

수북

허허!
치우다 보면 되겠지~

10분 후

수북

수북

이렇게나 낙엽을
쓸었는데 겨우
이 정도만 한 거야?

뻘 뻘

넓은 마당에 아직도
수북이 쌓인 낙엽을
다 치울 생각을 하니까
눈앞이 캄캄해요.

눈에 밟히다

'잊히지 않고 자꾸 눈에 떠오른다'는 뜻이에요.

〈예문〉 가지고 싶은 장난감이 자꾸 눈에 밟혀 잠이 안 와요.

와~ 안경 예쁘다!

와~

맨날 빨간 안경만 끼니까 조금 지겨웠는데…

반짝

반짝

이 안경은 새파랗고 근사해.

마침 용돈도 모았겠다 안경을 새로 살까?

028

눈에 불을 켜다

'몹시 욕심을 내거나 관심을 기울인다'는 뜻이에요.

〈예문〉 엄마가 아빠의 비상금을 눈에 불을 켜고 찾기 시작했다.

뭐어? 너무 짧아! 하얀이 너는 달리기가 빠르잖아!

흐응!

걱정마! 천천히 뛸게~

의심

도도‥

도도‥

이제 잡을게~

헤헤

천천히 뛴다면서? 빨리 잡으려고 눈에 불을 켜고 달려들잖아!

흐잉!

눈에 선하다

'잊히지 않고 눈앞에 보이는 듯 기억에 생생하다'는 뜻이 에요.

〈예문〉 선물을 받고 좋아할 두찌의 모습이 눈에 선하다.

030

눈에 차다

'만족스럽고 흡족하게 마음에 든다'는 뜻이에요.

〈예문〉 아쉽게도 내 눈에 차는 스티커가 없네.

어디 둘러볼까~

동동아 아무래도…

여기에는 내 눈에 차는 옷이 없는 거 같아.

아니다! 하나~ 발견했어!

이걸 입어봐! 동동아~

조금 과한 거 같은데…

아냐아냐! 지금 너무 멋져.

눈에 흙이 들어가다

'죽어서 땅에 묻힌다'는 뜻이에요.

〈예문〉 내 눈에 흙이 들어가기 전에는 너희 결혼을 허락할 수 없어.

눈을 끌다

032

'호기심을 일으켜 보게 한다'는 뜻이에요.

〈예문〉 빛나는 목걸이에 나는 눈이 끌렸다.

우리 달고나 뽑기 할까?

뽑기에 성공하면 대왕 달고나를 준대.

헤헤

그래! 도전해 보자~

응!

집중

집중

빠각

히익

난 실패했어~

나도…

절망

033

눈을 씻고 찾아보다

무언가를 '몹시 애타게 찾는다'는 뜻이에요.

〈예문〉 눈을 씻고 찾아봐도 핸드폰을 어디에 뒀는지 모르겠다.

오잉! 없네~
눈을 씻고
찾아봐도
어디 갔는지
모르겠어.

딸기가 어디로 숨은 거지?

에휴! 못찾겠다.

앞주머니가 볼록해~
이게 뭐지?

아하하!
앞 주머니에 떨어졌구나!

034

눈코 뜰 사이 없다

'정신 못 차리게 몹시 바쁘다'는 뜻이에요.

〈예문〉 눈코 뜰 사이 없이 학교 수업이 끝났다.

따따야! 주말에 뭐했어?

어휴~!
말도 마! 정말
눈코 뜰 사이도
없이 바빴어!

엊그제 엄마가
낙엽을 치우라고 시키셨거든.

토요일 저녁

이야~
드디어 다 쓸었다!

이제 낙엽을 포대에 넣기만 하면 된단다.

휙 -잉-

휙 -잉-

안돼

에휴

낙엽이 바람에 날려서 다시 쓸어담느라고 정신이 없었다니까!

035 다리를 뻗고 자다

'마음 놓고 편히 잔다'는 말이에요.

〈예문〉 숙제도 다 했으니 이제 다리 뻗고 잘 수 있겠다.

너는 주말에 뭐했어?

나는~ 에휴!
잠을 거의 못잤어.

어휴

주말에
캠핑을 갔었거든…

근데 아빠도 나도
처음 캠핑을 간거라~

휘~잉

036

담을 지다

'서로 사귀던 사이를 끊는다'는 뜻이에요.

〈예문〉 친한 친구와 담을 졌다.

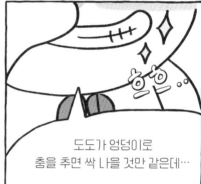

037

도마 위에 오르다

'어떤 사물이나, 사람이 비판의 대상이 된다'는 뜻이에요.

〈예문〉 따따가 저지른 잘못된 행동이 여론의 도마 위에 올랐다.

큰일이야~ 얘들아!

왜?
무슨 일이야?

놀람

허걱

나랑 동생이
어제일로
도마 위에 올라서
걱정이야!

에휴‥

어제 나나랑 나랑 안자고 밤새워서 게임기를 가지고 놀았는데…

띠옹‥

그게 엄마 아빠한테 걸렸어!

히익

그래서 엄마 아빠가 게임기를 중고로 판매할 거래~

오아

악

어쩌면 좋지, 얘들아?

끄엉

끄엉

이런~ 속상하겠다!

흑‥

그런데, 그래서 게임기를 얼마에 파실 거래?

야! 나는 심각한데~ 너는 내 게임기를 살 생각부터하냐!

038

두 손 두 발 (다) 들다

'자신의 능력으로 할 수 없어서 그만뒀다는 걸 강조할 때 쓰거나, 강하게 찬성하고 환영할 때' 사용해요.

〈예문〉 내일 가족끼리 외식하는 걸 두 손 두 발 들어 환영해!

뒤통수를 맞다

039

'신체적으로 혹은 정신적으로 예상치 못한 공격을 받는다'는 뜻이에요.

〈예문〉친구의 사고 소식에 뒤통수를 맞은 듯한 충격을 받았다.

040

등골이 서늘하다

'무서워서 찬물을 끼얹은 것처럼 으스스하다'는 뜻이에요.

〈예문〉 집에 혼자 있는데 등골이 서늘했어.

근데 혼자 있으니까
어제 본 귀신 영화가 생각나네.

괜히 으스스하고
추워지는 것 같아.
등골이 서늘해.

설마! 귀신인가?

진짜 등이 시려운데…
무서워서 뒤를 못보겠어!

아.

헤헤~!
냉장고 문을 안닫았구나~

041

등을 돌리다

'배척하거나 관계를 끊는다'는 뜻이에요.

〈예문〉 모든 사람들이 나에게 등을 돌렸다.

미안해~ 따따야.
너무 무서워서 그래.

대신 롤러코스터 말고
다른 건 다 같이 타줄게!

그래?

그럼 이거 타자!

042

뜸을 들이다

'충분히 무르익게 한다는 뜻'과 '말과 행동이 답답할 정도로 느리다'는 뜻이 있어요.

〈예문〉 두찌는 한참 뜸을 들였다가 다시 말을 이어갔다.

043

맥이 풀리다

'기운이나 긴장이 풀어진다'는 뜻이에요.

〈예문〉 시험을 보고 나니 온몸에 맥이 풀렸다.

95

044

머리(를) 굴리다

'머리를 써서 해결 방안을 생각해 낸다'는 뜻이에요.

〈예문〉 아무리 머리를 굴려 보아도 좋은 수가 떠오르지 않는다.

얘들아~ 도와줘!
내일이 동동이 생일이잖아.

어떤 선물이 좋을까?

동동이는 조개를
제일 좋아하잖아.

조개를 잔뜩 구해서
주면 되지 않을까?

머리가 굳다

045

'사고방식이나 사상 따위가 완고하거나 기억력 따위가
무디다'는 뜻이 있어요.

〈예문〉 나이가 드니 머리가 굳어서 어제 일도 생각나지 않는다.

생일이 지나서 한 살을 더 먹더니~

아하..하

나 아무래도 머리가 굳었나 봐~

에휴

약속했던 기억이 없어~
미안해! 따따야~

ㄱ렁

ㄱ렁

괜찮아! 하얀아~

지금 곰곰히
생각해보니까
나도 너한테
말한 기억이 없어~

응에 헤

아무래도 생각만 하고
말하지 않은 것 같아!

×

목이 빠지게 기다리다

046

'너무나 간절하게, 몹시 안타깝게 기다린다'는 뜻이에요.

〈예문〉 간식을 사서 돌아오시는 아버지를 목이 빠지게 기다렸다.

047

몸 둘 바를 모르다

'어떤 상황이나 대상에게 어떻게 처신해야 할지 모른다'는 뜻이에요.

〈예문〉 지나친 칭찬에 몸 둘 바를 모르겠다.

048

무릎을 치다

'몹시 놀랍거나 기쁜 일이 있을 때, 좋은 생각이 떠올랐을 때' 감탄하는 말이에요.

〈예문〉 좋은 생각이 난 듯 무릎을 탁 쳤다.

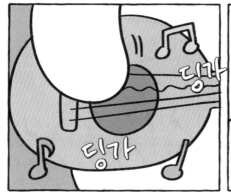

105

049

물 만난 고기

'어려운 지경에서 벗어나 생기발랄하게 활약하기 좋은
때를 만난 처지'를 뜻하는 말이에요.

〈예문〉 친구랑 물 만난 고기처럼 하루종일 놀았다.

050

물불을 가리지 않다

'온갖 장애나 위험을 무릅쓰고 닥치는 대로 행동하거나 일을 밀고 나간다'는 뜻이에요.

〈예문〉 나는 불의를 보면 물불을 가리지 않는다.

동동아~ 빅뉴스야!

무슨 일인데?

우리 이모네 회사에서 떡볶이 밀키트가 나왔는데…

그 떡볶이 밀키트를 사면 조개껍질 목걸이를 준대.

떡볶이 +

051

밑도 끝도 없다

'앞뒤의 연관 관계 없이 불쑥 말을 꺼내어 갑작스럽거나 갈피를 잡을 수 없다'는 뜻이에요.

〈예문〉 밑도 끝도 없이 화를 내는 친구가 어이가 없었다.

111

발 벗고 나서다

052

'적극적으로 나선다'는 뜻이에요.

〈예문〉 나는 옳다고 생각되는 일이라면 발 벗고 나선다.

저런~ 속상했겠다.

쏟아서 속상하다기보다

주방이 난장판이라 치울 생각에 마음이 복잡해.

너저분~

뭐? 그건 걱정마! 내가~ 도와줄게!

우린 친구니까 당연히 두찌의 일이라면 발 벗고 나서야지!

하얀아~ 고마워!

찌잉

발(이) 넓다

053

'사귀어 아는 사람이 많아 활동하는 범위가 넓다'는 뜻이 에요.

〈예문〉 하얀이는 발이 넓어 학교에서 모르는 사람이 없다.

오! 그래야겠다~ 고마워!

하얀아~
너 4반에 레레라고 알아?

응~ 알지! 레레는 옹달샘
유치원을 나온 친구고 AB형이야.

와! 레레를 잘 아는구나!
다행이다.

까

아

그럼~
이것 좀 전해줄래?

사촌형이 레레한테
주라고 했는데,
난 누군지
잘 모르거든…

헤헤

054

발목을 잡다

'행동을 방해한다'는 뜻이에요.

〈예문〉 풀린 신발 끈이 내 발목을 잡아 달리기 대회에서 꼴찌를 했다.

맞아.
데뷔하고 문제가 생기지 않게

평소에도 행실을 바르게 하는 거야.

그럼 너도 학교에서 바른 생활을 해야겠다.

응 맞아! 그렇지!

그걸 알면 나한테 빌려 간 천원 빨리 갚아! 안 그러면…

버럭!

나쁜 행실 때문에 발목을 잡혀 데뷔를 못하게 될 거야.

싹 싹

헉! 새카맣게 잊었다!

미안해! 지금 줄게~

055

발바닥에 불이 나다

'서둘러서 급하게 여기저기 돌아다닌다'는 뜻이에요.

〈예문〉 용돈을 위해 발바닥에 불이 나게 심부름을 다녀왔다.

발을 끊다

056

'오가지 않거나 관계를 끊는다'는 뜻이에요.

〈예문〉 충치가 너무 많이 생겨 탕후루 가게에 발을 끊었다.

발이 묶이다

'돈이 떨어지거나 교통수단이 없어져 몸을 움직이지 못할 형편이 된다'는 뜻이에요.

〈예문〉 버스에서 내렸는데 소나기가 내려 발이 묶였다.

어제 비가 많이 와서 그런가?

여기저기에 물 웅덩이가 많네.

윽! 집에 가는 지름길은 여긴데 어쩌지?

잘못하면 발이 다 젖겠는 걸…

058

보는 눈이 있다

'사람이나 일 따위를 평가하는 능력이 있다'와 '다른 사람이 날 지켜보고 있으니 행동을 조심해야 한다'는 뜻이 있어요.

〈예문〉 보는 눈이 있으니 행동을 조심해야 해.

와! 따따야~ 목도리가 예쁘다.

그치? 이거 핑크색도 있다.

짜잔

우와아~ 핑크색도 예쁘다.

목도리가 너랑 정말 잘 어울려!

아하하! 두찌야~ 너! 정말 보는 눈이 있다~

헤헤

이거 우리 아빠가 직접 만들어주신 거야.

우와

뭐? 손재주가 너무 좋으시다.

요즘 뜨개질이 취미어서 이것저것 잔뜩 만드셔~

얼마 전엔 뜨개로 사과 만들기에 꽂혀서…

집에 뜨개 사과가 500개 쌓여있어!

피융…

059

불을 보듯 훤하다

'앞으로 일어날 일이 의심할 여지가 없이 아주 명백하다'
는 뜻이에요.

〈예문〉 결과가 불을 보듯 훤하다

060

속이 타다

'매우 걱정되는 마음이 든다'는 뜻이에요.

〈예문〉 남은 속이 타는 줄 모르고 두찌는 천하태평이다.

061

손발(이) 맞다

'함께 일하는 데에 마음이나 의견, 행동 방식 따위가 서로 맞는다'는 뜻이에요.

〈예문〉 도도와 따따는 손발이 착착 맞는 편이다.

도도야~
나랑 같이 모루 인형 만들자.

모루도 이만큼이나 사 왔어.

까득

까득

그래~ 좋아! 이거 만들어서
가방에 달고 다니자!

오! 너무 좋은 생각이야.
잔뜩 만들어서 애들도 나눠 주자!

히히

그래! 그래! 내가 그럼 얼굴을 이렇게 만들테니까~

따따! 너가 몸을 만들어!

오! 좋아~ 도도야! 너랑 왠일로 **손발이 척척 맞는다!**

나도 같은 생각이었어!

짝

꼬울

꼬울

완

성

손에 땀을 쥐다

'어떠한 상황이 아슬아슬해서 마음이 조마조마하다'는 뜻이에요.

〈예문〉 결승전을 지켜보며 손에 땀을 쥐었다.

062

운동회 마지막, 계주 경기

하얀아~ 잘 부탁해!

헉

헉

응~ 잘 뛰어볼게!

쌩

앞에 애를 꼭
따라잡고 1등 해야지!

후다닥

하얀아~ 힘내!

할 수 있어!

!

오

꺄~!
하얀이가 제쳤다!
우리가 1등이야!

우와~
정말! 대단해
손에 땀을 쥐는
경기였어.

063

손에 익다

'어떤 일이 손에 익숙해져 능숙하게 잘한다'는 뜻이에요.

〈예문〉 피아노가 손에 익도록 연습을 많이 해야 한다.

앞의 네 단계를 완료하고 마지막 다섯 번째로 손등에 올리고 던져서

)|턱

손바닥으로 잡으면 개수에 따라 점수가 매겨져!

휘릭

재있겠다!

나도~나도~ 해볼래!

어라! 난~ 공기를 잡기가 힘들어.

어버버

나도 잡기 힘든데….

와르르

맞아~ 처음에는 힘든 데 자주 해서 손에 익으면 쉬워져~

하하

하하

064

손을 떼다

'하는 일을 중간에 그만 둔다'는 뜻이에요.

〈예문〉하던 일에서 손을 떼고 회사를 퇴근했다.

065

손을 씻다

'부정적인 일이나 찜찜한 일에 대하여 관계를 청산한다'
는 뜻이에요.

〈예문〉 그동안의 나쁜 일에서 손을 씻었다.

허허~ 괜찮네!

나는 이제 두목이 아닌 걸…

그치만 두목님! 두목님이 없다면 저희는?

하얀이~ 자네가 잘할 수 있다고 믿네. 걱정 말게!

난 이제 이 생활을 깨끗이 정리하고 손을 씻기로 했네!

일어나! 학교가야지~

Zz

°° Zz

066

손이 맵다

'어떤 사람은 살짝 때려도 몹시 아프다'는 뜻이에요.

〈예문〉 도도에게 등을 맞았는데 손이 너무 매워 아팠다.

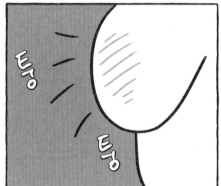

숟가락을 얹다

'정당하게 노력하지 않고 다른 사람이 하는 일에 동참하여 손쉽게 이득을 얻으려 한다'는 뜻이에요.

〈예문〉 난 조별 과제에서 숟가락만 얹으려는 사람이 제일 싫어!

067

아니야~ 난 한 것 없이 그냥 슬쩍 숟가락을 얹었을 뿐이야.

난 뒤에 서 있는 그저 그런 나무 역할만 했는 걸…

그저 그렇다는 말 하지마!

바람에 흔들리는 나무 연기는 최고였어!

숨 돌릴 사이도 없다

068

'가쁜 숨을 가라앉힐 정도의 여유도 없다'는 뜻이에요.

〈예문〉 숨 돌릴 사이도 없이 다시 집을 나갔다.

069

시치미(를) 떼다

'자기가 하고도 안 한 체하거나, 알고 있으면서도 모르는 체한다'는 뜻이에요.

〈예문〉 표정 하나 바뀌지 않고 시치미를 떼다.

애간장을 태우다

070

'속을 태우는 듯 몹시 걱정을 끼친다'는 뜻이에요.

〈예문〉 두찌가 밤 늦도록 집에 오지 않아 애간장을 태웠다.

두찌야~
나가서 간장을 사다 주겠니?

오늘 저녁에 찜닭을 하려고 했는데
간장이 뚝 떨어졌구나.

걱정마세요!
빨리~ 다녀올게요!

두찌가 언제 저렇게 다 커서
아빠 심부름도 잘하고… 기특하네!

쩌이잉!

어깨가 무겁다

'무거운 책임을 져서 마음에 부담이 크다'는 뜻이에요.

〈예문〉 중요한 일을 맡게 되어 어깨가 무겁다.

그건 네 어깨에 귀신이 있어서 그래!

뭐어? 정말이야?

야! 장난치지마~ 하얀이는 부담스럽다는 이야기를 하고 있는 거잖아.

하얀아~ 네 어깨엔 귀신이 없어.

따따따 너! 책임져~ 하얀이가 네 말에 놀라서 영혼이 나갔잖아!

그러네~ 재밌다!

아하하

어깨를 나란히 하다

072

'서로 비슷한 지위나 힘을 가졌다'는 뜻이에요.

〈예문〉 열심히 연습했더니 올림픽에서 세계적인 선수와 어깨를 나란히 할 수 있었다.

우와~ 정말?
그럼 나 하나 줘!

우왕

와~

푸흡! 도도 네 싸인이 비싸다고?

부들

부들

푸흡

아하하하!
웃기지마~

내 싸인이 너보다
더 비싸질 거야!

내 싸인도 받아~
동동아!

캬캬

뭐? 너 말 다했어?

흥!
난 세 개 줄게!

자!

자!

동동아~
싸인 두 개 줄게!
더 비쌀 거야~

당황

073

얼굴을 내밀다

'모임 따위에 모습을 나타낸다'는 뜻이에요.

〈예문〉 시험이 끝나서 간만에 연구 동아리에 얼굴을 내밀었다.

얼굴이 두껍다

074

'부끄러움을 모르고 염치가 없다'는 뜻이에요.

〈예문〉 얼마나 얼굴이 두꺼운지 계속해서 어려운 부탁을 했다.

오늘도 따따랑 도도는 싸우고 있네~

이번엔 무슨 일로 싸우는 거야?

아~ 따따가 또 숙제를 도도한테 도와달라고 했대!

얼굴이 반쪽이 되다

'병으로 앓거나 고통을 겪거나 하여 얼굴이 몹시 수척해졌다'는 뜻이에요.

〈예문〉 병을 심하게 앓았더니 얼굴이 반쪽이 되었다.

엉덩이를 붙이다

'자리를 잡고 앉다'는 뜻이에요.

〈예문〉 오두막 의자에 엉덩이를 붙이고 나란히 앉았다.

열을 올리다

'무엇에 열중하거나 열성을 보인다'는 뜻이에요.

〈예문〉 서로의 팀 응원에 열을 올렸다.

078

오금이 저리다

'공포감 따위에 맥이 풀리고, 마음이 졸아든다'는 뜻이에요.

〈예문〉 꿈에서 귀신을 보았더니 오금이 저렸다.

079

오지랖(이) 넓다

'쓸데없이 지나치게 아무 일에나 참견하는 면이 있다'는 뜻이에요.

〈예문〉 남의 일에 오지랖도 넓다.

동동아~ 오늘은 뭐해?

딱히… 아무것도 안 해!

오~

그럼 지금부터 나랑 탐험가자!

그래! 근데 어디로가?

080

입만 살다

'실천은 하지 않고 말만 그럴듯하게 잘한다'는 뜻이에요.

〈예문〉 입만 살았지 아무 것도 하지 않았다.

081

입만 아프다

'애써 자꾸 얘기하는 말이 상대방에게 받아들여지지 않아 보람이 없다'는 뜻이에요.

〈예문〉 두찌에게 했던 말을 계속하니 입만 아팠다.

아! 이렇게 해야겠다!

얘들아~ 너네 둘 중에 누가
방바닥 쓸기를 더 빠르게 해?

엄만 3분이면 되던데…
너넨 3분 만에 못 하지?

네?
저는 2분이면 하거든요!

풉! 형은 그렇지만~
저는 1분이면 돼요!

뭐! 정말?
어디 보여줘 봐~

082

입에 거미줄 치다

'가난하여 먹지 못하고 오랫동안 굶었다'는 뜻이에요.

〈예문〉 입에 거미줄 치지 않는 것에 감사하며 살았다.

그래! 그 소원이
꼭 이뤄지길 바랄게~

아이고! 아이고 배야!

너무 배가 고픈데
돈이 없어서 과자를 못 먹네!

그럼 집에서
밥 먹으면 되잖아~

정말 이렇게
아무것도 먹지 못하다가는
입에 거미줄 치겠어.

에휴~
자! 먹어라~
먹어!

083

입에 달고 다니다

'말이나 이야기 따위를 습관처럼 되풀이하거나 자주 사용한다'는 뜻이에요.

〈예문〉 아빠는 힘들다는 말을 입에 달고 다닌다.

174

따따가 네 칭찬을
입에 달고 다니거든~

우와~
정말요?

까

거짓말 하지 마세요!

정

색
기

우리 형은 어디 가서
내 칭찬 같은 거 안 해요~

하얀이 형~ 따따형은
그렇게 착하지 않거든요.

어? 어!

084

입에 발리다

'남의 비위를 맞추기 위해 아부한다'는 뜻이에요.

〈예문〉 입에 발린 소리를 잘하는 친구는 멀리해야 한다.

085

입이 무겁다

'말수가 적거나 아는 이야기를 함부로 옮기지 않는다'는 뜻이에요.

〈예문〉 따따는 입이 무겁다.

말하고 싶다…

말하고 싶어!

입이 근질근질해!

뭘~ 말하고 싶다는 거야 도도야?

으~ 그게 뭐냐면…

179

086

진땀(을) 빼다

'어려운 일이나 난처한 일을 당해서 진땀이 나도록 몹시 애를 쓴다'는 뜻이에요.

〈예문〉 어제는 어려운 수학 문제를 푸느라 진땀을 뺐다.

087

찬물을 끼얹다

'잘되어 가고 있는 일에 뛰어들어 분위기를 흐리거나 공연히 트집을 잡아 훼방을 놓는다'는 뜻이에요.

〈예문〉 좋은 분위기에 찬물을 끼얹었다.

얘들아~ 이것 봐!

내가 처음으로 짠 장갑이야. 어때?

우와~ 정말 예쁘다!

삐질

삐질

그.러.네~ 정.말. 잘.했.다!

먼 산~

히히! 너희들이 칭찬하니까 뿌듯하다. 고마워~

푸학! 이 거적때기는 뭐야?

왜? 학교에 수세미를 가져온 거야?

으에

울먹

울먹

따따야~ 제발 눈치를 좀 챙겨! 찬물을 끼얹네.

울지마! 두찌야~

뿌애앵

이건 두찌가 처음 만든 장갑이란 말이야!

야!!

침이 마르다

'다른 사람이나 물건에 대하여 거듭해서 말한다'는 뜻이에요.

〈예문〉 여자친구 자랑을 침이 마르도록 했다.

그리고 우유랑 같이
먹으면 환상의 맛이야.

입안에 달콤한 구름이
가득 들어온 느낌일 걸~

헉! 하얀아~ 너 왜
이렇게 침을 흘려?

너가 **침이 마르도록**
꿀 고구마의 맛을
설명하니까 그런 거야.

난 강아지라서 음식 생각만 해도
침이 줄줄 나온단 말이야.

도와줘~
침이 멈추질 않아.

185

089

코가 납작해지다

'몹시 무안을 당하거나 기가 죽어 위신이 뚝 떨어진다'는 뜻이에요.

〈예문〉 잘난 척하던 도도는 시험을 잘못 봐서 코가 납작해졌다.

콧대가 높다

'상대를 우습게 여기거나 뽐내는 태도가 있다'는 뜻이에요.

〈예문〉 도도는 인기가 많아서 그런지 콧대가 높다.

189

파김치가 되다

몹시 지쳐서 나른하게 된다는 뜻이에요.

〈예문〉 명절이 끝나고 뒷정리까지 하면 온몸이 파김치가 된다.

아~ 이제 7회 말 경기를 앞두고 있습니다.

아직 동점이라 이번 경기가 굉장히 중요할 것 같은데요~

과연, 이번 경기의 승자는 누가 될지 기대가 됩니다.

무!적! KG 자이언츠! 최!강! KG 자이언츠!

오오오오~

날려~ 날려 안타~

와아아악! 두찌야!
홈런이야!

아하하! 오랜만에 직관왔는데
우리팀이 이기니까 신난다!

어우~ 그런데 오늘 하루 종일
너무 열심히 응원했나봐!

마음은 너무 기쁜데
내 몸은 파김치가 되었어.

092

파리를 날리다

'영업이나 사업 따위가 잘 안되어 한가하다'는 뜻이에요.

〈예문〉 손님이 뜸해지기 시작하더니 지금은 파리 날리고 있다.

093

팔을 걷어붙이다

'어떤 일에 뛰어들어 적극적으로 일할 태세를 갖춘다'는 뜻이에요.

〈예문〉 어머니는 동네 일이라면 팔을 걷어붙이고 나선다.

따따, 나나야~
어서 옷 다 입고 나와~

푸흡~ 너무 귀엽네
우리 애기들~

이제 할머니 댁으로 가서
김장 도와드리자!

츄릅

네! 좋아요~
맛있는 김치랑
수육도
먹는 거죠?

힐끔

그럼 김장이
빨리 끝나면
더 빨리
먹을 수 있지~

까~

저도요!

와! 신난다~
그러면, 저도
팔을 걷어붙이고
도울게요!!

할머니댁

주울

주울

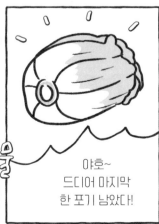

야호~
드디어 마지막
한 포기 남았다!

094

풀이 죽다

'풀기가 빠져서 빳빳하지 않게 되다'라는 뜻이에요.

〈예문〉 따따는 선생님께 혼나서 풀이 죽었다.

095

하늘이 노랗다

'지나친 과로나 상심으로 기력이 몹시 쇠한다'는 뜻이에요.

〈예문〉 운동장을 몇 바퀴 뛰고 나니 하늘이 노랗다.

199

096

한 치 앞을 못 보다

'바로 가까이 앞에 있는 일도 생각 못하고 안 좋게 행동한다'는 뜻이에요.

〈예문〉 욕심 때문에 한 치 앞을 못 보는구나!

동동아~ 너는 왜 그렇게 조개를 많이 모아?

난 조개가 세상에서 제일 좋아~

나중에 조개박물관도 만들 거야.

그럼 짬뽕에 있는 조개 껍질도 다 모아?

097

한술 더 뜨다

'이미 어느 정도 잘못되어 있는 일에 대하여 한 단계 더 나아가 엉뚱한 짓을 한다'는 뜻이에요.

〈예문〉한술 더 떠 이상한 말을 했다.

098

한숨(을) 돌리다

'힘겨운 고비를 넘기고 여유를 갖는다'는 뜻이에요.

〈예문〉 급한 숙제를 다 하고 드디어 한숨을 돌렸다.

조개들을 들고
급하게 뛰쳐 나왔어.

후다닥

엄마랑 5km는
전속력으로 뛴 것 같아.

헉!

황당

정말!
달리기가 빠르시더라.

겨우 따돌려서
여기서 쉬고 있는 거야.

그랬구나.
그럼 조개들은 어디에 두려고?

이제 적당한 장소를
생각해 봐야지.

099

허리띠를 졸라매다

'낭비하지 않고 아끼며 검소한 생활을 한다'는 뜻이에요.

〈예문〉 지난달은 용돈을 너무 펑펑 썼어. 이번 달은 허리띠를
졸라매고 아껴보자.

어라 근데 왜
500원 밖에 없지?

내 돈이 다 어디를 간 거지?
아차!

매일매일
탕후루를 먹어서
용돈을
다 썼구나!

어휴~ 이제 2주 동안
500원으로 버텨야 하네!

힘들어도
이제부터는
허리띠를
졸라매고
지내야겠다.

100

혀를 내두르다

'몹시 놀라거나 어이없어서 말을 못 한다'는 뜻이에요.

〈예문〉 따따의 뻔뻔한 태도에 모두 혀를 내둘렀다.

호박씨(를) 까다

101

'안 그런 척 내숭을 떤다'는 뜻이에요.

〈예문〉 도도는 앞에서 칭찬하더니 뒤에서는 호박씨를 까고 있었다.

으휴~
따따는 정말 바보 같아~

저 옷이 뭐가 예쁘다고
입고 다니는 거래?

뭐라고 했어? 도도야~

네 옷 별로라고 했어! 왜?

재미 IGO! 어휘력GO!
어린이 관용구 101

펴낸날   초판1쇄 인쇄 2025년 02월 17일
         초판1쇄 발행 2025년 03월 01일

지은이   박재이
펴낸이   최병윤
펴낸곳   운곡서원
출판등록 2013년 7월 24일 제2024-000064호
주 소   서울시 은평구 증산로21가길 11-11, 103호
전 화   02-334-4045   팩스 02-334-4046

종 이   일문지업
인 쇄   이든미디어

ⓒ박재이
ISBN 979-11-94116-16-5
가격 13,000원

너희였구나!